ÉLOGE

DE

JACQUES MOURGUES

AVOCAT ET JURISCONSULTE AIXOIS

COMMENTATEUR DES COUTUMES DE PROVENCE

LU LE 14 DÉCEMBRE 1877

A LA RENTRÉE

DE LA SOCIÉTÉ DE JURISPRUDENCE D'AIX

PAR

Eugène BARRÊME

DOCTEUR EN DROIT, AVOCAT A LA COUR D'APPEL

« Labor improbus omnia vincit. »

AIX

TYPOGRAPHIE Ve REMONDET-AUBIN

COURS MIRABEAU, 53

—

1877

ÉLOGE

DE

JACQUES MOURGUES

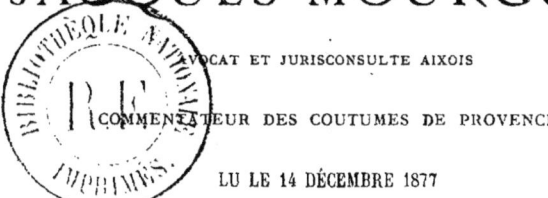

AVOCAT ET JURISCONSULTE AIXOIS

COMMENTATEUR DES COUTUMES DE PROVENCE

LU LE 14 DÉCEMBRE 1877

A LA RENTRÉE

DE LA SOCIÉTÉ DE JURISPRUDENCE D'AIX

PAR

Eugène BARRÊME

DOCTEUR EN DROIT, AVOCAT A LA COUR D'APPEL

« Labor improbus omnia vincit. »

AIX
TYPOGRAPHIE Vᵉ REMONDET-AUBIN
COURS MIRABEAU, 53

1877

A Mᵉ CHARLES BESSAT

BATONNIER

A MES CONFRÈRES

AUX SAVANTS PROFESSEURS DE L'ÉCOLE DE DROIT

MES MAITRES

Messieurs,

Faire revivre à vos yeux un de ces génies qui ont illustré le barreau de Provence et dont la gloire, traversant les âges, est parvenue intacte jusqu'à nous, ou bien, exhumer de nos annales, pour l'arracher à un oubli immérité, la figure sympathique et modeste d'un de nos devanciers moins célèbres, tel a été le but de la plupart de ceux de mes confrères qui m'ont précédé à ce poste périlleux où vos suffrages m'appellent.

Je veux être fidèle à cette pieuse tradition. Elle nous permet de rendre un hommage public aux talents et aux vertus de ces âmes d'élite vouées au culte de la science et à la pratique du devoir ; elle nous fournit, au seuil de notre carrière, des modèles à imiter et des exemples à suivre.

Lorsque remontant le passé, je me suis trouvé en présence de cette pléiade d'orateurs et de jurisconsultes qui ont donné tant d'éclat à notre profession, des émotions inconnues se sont emparées de mon cœur et ont tenu longtemps mon choix indécis. Il s'est enfin fixé sur une existence à peu près ignorée aujourd'hui, mais qui n'en est pas moins digne de provoquer nos éloges.

J'ai résolu de vous entretenir de Jacques Mourgues, commentateur de nos coutumes de Provence. Ce qui m'a séduit dans la vie de ce grand avocat, de cet éminent jurisconsulte, c'est moins l'éclat de ses succès oratoires ou la célébrité de ses œuvres que sa patiente résignation dans l'infortune, la pureté de ses principes, la franchise et l'indépendance de son caractère, et surtout son opiniâtreté laborieuse qui le ravit à l'obscurité pour l'élever aux premiers rangs.

Mourgues naquit à Callian, petit village du Var, vers la fin du seizième siècle, d'Authorone Robert et d'Honoré Mourgues, écuyer. Ses premières années s'écoulèrent au sein d'une honnête aisance. Hélas ! ce bonheur devait être de courte durée. Assailli par un mal rapide, son père fut enlevé à sa famille, laissant pour tout patrimoine une réputation sans tache. Dès lors, Mourgues commença à éprouver les rigueurs de la misère. Malgré ses courageux efforts, sa mère ne put lutter contre la gêne qui était venue s'asseoir à son foyer. Dévorée de chagrins et de soucis, brisée par des labeurs au-dessus de ses forces, elle eût péri sans les secours généreux que provoquait sa détresse, imparfaitement dissimulée par sa discrétion.

Cette femme énergique, voulant épargner à son fils les souffrances qu'il eut partagées s'il les eût connues, refoulait dans son cœur toutes ses douleurs et ses amertumes et puisait dans l'amour maternel la force de garder, en présence de l'enfant, un visage toujours souriant. Mais l'enfant avançait en âge ; un jour vint où sa précoce intelligence lui révéla les angoisses maternelles. Alors il sentit comme un remords envahir son être, il comprit que rester plus longtemps à la charge de sa mère, c'était peut-être abréger sa vie. Il résolut de partir pour Aix.

Capitale d'une riche et belle province, siège d'un Parlement célèbre, rendez-vous habituel des grands seigneurs, des savants, des gens de lettres et des artistes, notre ville recevait à cette époque dans ses murs, et ces obscurs villageois que l'ambition attire sur un plus vaste théâtre, et ces déshérités de la fortune qui espèrent trouver des ressources nouvelles et l'emploi utile d'une activité ou d'un esprit d'intrigue qui constituent tous leurs moyens d'existence. Que de fois, dans ces conversations que les enfants suivent et retiennent alors qu'on les y croit indifférents, les habitants de Callian avaient vanté devant Mourgues les splendeurs de cette cité. Que de gens y avaient amassé un petit pécule, et revenus sous le toit de leurs pères finissaient leurs jours en paix dans une heureuse vieillesse ! De tels récits laissent dans l'esprit d'un jeune enfant des impressions dont tout d'abord il ne se rend pas compte, mais qui produisent, sans que l'analyse puisse en préciser la cause, des résolutions surprenantes. Un vague instinct sollicite, en effet, à la recherche de nouveaux horizons, ceux auxquels il fait pressentir que le terrain manquera bientôt sous leurs pas, si leur activité se concentre dans le milieu où ils sont nés.

Obéissant à ces aspirations, notre futur jurisconsulte ne tarda pas à confier son projet à sa mère. Il devait prévoir une résistance sérieuse ; elle ne manqua pas de l'être : « N'était-ce pas une grande imprudence d'aban-
« donner à lui-même un enfant qui n'avait pas dix ans
« encore ? Quels dangers n'allait-il pas courir ? Qui
« prendrait soin de lui, qui le dirigerait désormais au
« milieu des écueils de la vie ? Enfin cet enfant n'était-il
« pas sa consolation et sa joie, le seul lien qui la ratta-
« chait à la terre ? »

Mais les obstacles loin d'émousser l'ardeur de Mourgues, la redoublaient ; sa détermination n'était point le résultat d'un caprice, elle procédait d'une volonté ferme et inébranlable. Il multiplia ses assauts contre la tendresse maternelle qu'il vainquit à la fin. Peut-être aussi cette excellente mère, subjuguée par le pressentiment des succès réservés à son fils, se rendit-elle à la crainte de s'opposer aux décrets de la Providence !

Elle confia l'enfant chéri à un ami que ses affaires appelaient à Aix et c'est avec lui que Mourgues arriva inconnu et sans ressources dans cette ville qu'il devait illustrer un jour.

Le départ de l'ami tutélaire laissa l'enfant sans guide et sans protecteur ; il sentit alors le froid de l'isolement et se prit à regretter son pays et sa mère. Mais, ce moment de faiblesse bientôt surmonté, il alla frapper à plusieurs portes en offrant ses faibles services. Après avoir essuyé quelques refus, il fut admis dans la maison d'un honnête bourgeois. Malheureusement ce maître, quoique doué d'un bon naturel, n'avait pas pour ses gens tous les égards que nous devons à nos serviteurs. Mourgues eût accepté des observations polies et justes, mais il était trop fier pour subir une humiliation. Un matin il s'enfuit sans réclamer son salaire.

Peu de jours après, on pouvait voir dans les rues d'Aix, un enfant pâle, exténué, mourant de faim, qui demandait l'aumône. Cet enfant était Mourgues ; une personne charitable, émue de pitié, le fit admettre à l'Hôpital.

Là, il se rétablit promptement, grâce aux bons soins dont il fut l'objet. On lui fit raconter plusieurs fois l'histoire de ses malheurs ; elle vint aux oreilles d'un vénérable ecclésiastique qui apportait aux malades les secours de la religion ; le ministre de Dieu interrogea l'enfant et fut si satisfait de ses réponses qu'il lui promit de songer à son avenir.

Cependant, le temps s'écoulait pour Mourgues au milieu d'un bien-être relatif ; ses plus rudes épreuves étaient terminées ; il avait maintenant un gîte et du pain. Parfois sa pensée, franchissant l'espace, le ramenait à son village, il revoyait la maison paternelle et sa pauvre mère pleurant son absence ; alors ses yeux se remplissaient de larmes et d'une voix plaintive il chantait un air du pays. La nature l'avait doué d'un si joli organe que chacun se taisait pour mieux l'écouter. Un jour son protecteur l'entendit ; ce fut pour lui un trait de lumière. Il se rendit aussitôt à l'archevêché, demanda et obtint pour Mourgues son entrée à la Maîtrise.

Ses progrès y furent rapides. En quelques leçons il apprit à lire la musique et à vocaliser. Ses succès ne furent pas moindres dans le calcul, le latin et les autres branches de l'enseignement.

Lorsqu'il quitta la Maîtrise, sa réputation d'intelligence et de savoir était si bien faite, qu'un conseiller au Parlement n'hésita point à lui confier l'éducation de ses enfants. Mourgues, qui avait le cœur trop haut placé pour être ingrat, conserva jusqu'à sa mort le plus tendre souvenir de la maison hospitalière où s'était écoulée son adolescence, et des hommes vertueux qui lui avaient inculqué les principes de l'honnêteté et de la sagesse.

Il fut accueilli chez le magistrat comme un ami. Ses manières affables, sa bonté, son dévouement éclairé lui gagnèrent le cœur de ses jeunes élèves. Son zèle pour leur avancement, sa patience et la douceur avec laquelle il les dirigeait rendirent leurs travaux fructueux.

Il consacrait ses moments de loisir à compléter son instruction. La nuit, retiré dans sa chambre, seul avec lui-même, avant de goûter un repos bien mérité, penché sur ses livres, il étudiait les chefs-d'œuvre que l'antiquité nous a transmis.

Toujours sérieux, jamais frivole, ne goûtant des plaisirs que les plaisirs innocents, fuyant les paresseux et les libertins, partout on le proposait comme un modèle à la jeunesse.

Mourgues, avide de science, accompagnait souvent le

père de ses élèves au Parlement. Là, il voyait se dérouler ces causes célèbres qui passionnent l'opinion publique ; là, il entendait ces avocats dont la parole instruit le juge, l'éclaire et le subjugue et à qui l'éloquence assure chaque jour de nouveaux succès. Il n'avait point encore fait d'études juridiques et pourtant, grâce à la rectitude de son jugement, il devinait de quel côté étaient la vérité et le bon droit ; alors il s'imaginait être le défenseur de la partie dont les droits lui paraissaient méconnus; il réfutait à part lui les arguments de l'adversaire ; il trouvait de nouvelles raisons qui devaient donner gain de cause à son client imaginaire.

Une vocation si prononcée ne pouvait échapper à l'attention de son protecteur. Elle se manifestait dans l'assiduité de Mourgues aux audiences, dans les questions qu'il se permettait de lui adresser, dans les observations judicieuses qu'il hasardait. Le magistrat l'engagea à entreprendre des études de droit. C'était sans doute aller au devant de ses désirs, mais cet homme généreux voulut encore l'aider de ses conseils, de ses avis et il mit sa bibliothèque à sa disposition. Ah ! qu'ils soient bénis du ciel ceux qui frayent ainsi et applanissent la route devant le mérite laborieux s'acheminant courageusement vers l'avenir.

Une nouvelle existence commençait pour Mourgues, existence pénible mais glorieuse ! Il allait enfin compulser ces ouvrages qu'il avait entendu citer tant de fois. Les textes du droit romain, les coutumes de Provence, n'auraient plus de secrets pour lui ! Quelle joie de parcourir les manuscrits des anciens maîtres, de s'abreuver à leurs généreuses sources !

Mourgues se mit aussitôt et résolument à l'œuvre. En peu d'années il conquit vaillamment son titre d'avocat.

Mais c'était peu d'avoir un titre ; il lui fallait un nom, une clientèle. Trop modeste pour rêver de précoces victoires, trop prudent pour compromettre ses débuts, il se prépara longtemps, comme les athlètes antiques, aux luttes oratoires. Plus il était inconnu, pensait-il, plus on serait exigeant pour lui. D'ailleurs, au seizième siècle, un avocat n'abordait la barre que lorsque de longues études et la maturité de l'âge lui avaient donné l'expérience et les connaissances nécessaires pour mener à bonne fin un procès. Au risque d'être taxé de timidité ou de voir révoquer en doute ses aptitudes, on savait attendre. Mourgues attendit et n'eut pas à le regretter, car son coup d'essai n'en fut que plus éclatant. Ignoré la veille de ses débuts, son nom était le lendemain sur toutes les lèvres. On louait partout son habileté dans l'attaque, sa vigueur dans la riposte, la clarté de son argumentation, sa méthode dans l'exposé des faits, sa précision dans l'examen d'un point de droit, enfin sa parole simple et entraînante, reflet sincère d'une conscience pure et d'une âme ardente !

Mourgues ne s'énorgueillit pas de ce premier et rapide succès. A la modestie avec laquelle il triomphait, il était facile de reconnaître le vrai mérite et de prédire que ce succès ne serait pas éphémère. La fortune souriait à Mourgues ; il n'en fut pas ébloui. Il n'eut qu'une pensée: assurer le bonheur de sa mère. Grâce aux secours plus fréquents qu'il put lui faire parvenir, elle fut désormais à l'abri du besoin, et, quand elle mourut en bénissant son fils, elle eut la consolation de songer que ce fils avait acquis un grand titre : celui de bienfaiteur de sa mère !

A peine Mourgues eut-il paru au Palais que déjà il éclipsait presque tous ses confrères. Sa réputation se répandit dans toute la Provence : les clients affluèrent dans son cabinet, attirés autant par sa bienveillance et l'aménité de son caractère que par la renommée de son talent. Tout autre que Mourgues eut été accablé sous le poids des nombreuses et importantes causes qu'on lui confiait, et cependant il savait encore se créer des loisirs qu'il consacrait à des arts d'agréments et aux ouvrages qui devaient le recommander à la postérité !

La dignité d'assesseur à laquelle il fut élevé en 1641, fut la récompense de cette vie de travail et de dévouement. La nouvelle de son élection combla de joie ses nombreux amis et ses concitoyens. Lui-même fut heureux d'être investi d'une fonction qui lui permettait de se rendre utile à la ville d'Aix et à la Provence toute entière en sa qualité de procureur du pays.

Il entra en charge le 1er novembre 1641 ; les consuls élus avec lui étaient Henri de Cauvet, baron de Marignane, Jean de Séguiran et Gaspard Simon. Quand les cérémonies de leur installation furent terminées, les nouveaux dignitaires partirent pour Antibes. C'est là que devaient avoir lieu, pendant les mois de décembre 1641 et janvier 1642 les délibérations des communautés de Provence, par autorité et permission de Monseigneur le comte d'Alais, colonel général de la cavalerie légère de France, gouverneur et lieutenant du roi.

Le rôle de l'assesseur était, vous ne l'ignorez pas, Messieurs, des plus difficiles et des plus délicats. Sans compter des connaissances approfondies sur des questions très diverses : droit, finances, travaux publics, il exigeait une grande hauteur de vues, une prévoyance de tous les instants, un amour sincère de la vérité, enfin une indépendance de caractère qui protégeât efficacement les droits du peuple sans éveiller les susceptibilités du pouvoir.

Mourgues possédait au plus haut degré ces qualités précieuses de l'homme d'état. Il s'acquitta dignement du mandat qu'on lui avait confié.

Appelé à signaler certains abus, il le fit avec son impartialité, sa modération et sa fermeté habituelles. De tous temps les procureurs du pays avaient connu des réparations aux ponts et aux chemins ; l'un d'eux visitait les localités et faisait son rapport ; le contrôleur des bâtiments établissait le devis, puis l'on procédait aux adjudications devant le gouverneur. De tous temps aussi, les procureurs du pays avaient fixé les impositions nécessaires pour couvrir les frais des réparations. Or, les trésoriers généraux, se fondant, à tort, sur un arrêt de conseil donné sans ouïr les représentants de la Provence, prétendaient connaître eux-mêmes des réparations et régler les questions d'impôt. Ce n'est pas tout, ils envoyaient dans les vigueries des délégués qui, outre la nourriture et le logement, exigeaient chacun huit livres par jour, ce qui augmentait inutilement les frais. Mourgues combattit de pareils empiétements et obtint des communautés une délibération en vertu de laquelle « remontrances seraient faites au Roi. »

Il fit ensuite décider que « les terres adjacentes », c'est-à-dire ces petites républiques que la Provence avait annexées à son territoire, contribueraient dorénavant aux charges du pays.

Rentré à Aix, Mourgues s'occupa plus spécialement des affaires de la ville. C'est à lui que l'on doit la création d'une chaire d'anatomie à l'Université. Cette chaire fut confiée, dans le courant de mai 1642, au savant Pierre Martelly, de Pertuis, auteur d'un remarquable « Traité de physique sur les animaux ». Notre école de médecine, déjà célèbre, allait acquérir un nouvel éclat, et cela grâce à Mourgues, qui, mieux que personne, appréciait les bienfaits de l'instruction.

Il fut aussi, auprès du pape Urbain VIII, l'interprète de ses concitoyens, à l'effet d'obtenir des bulles autorisant les religieuses de la Miséricorde à recevoir dans leur couvent les pauvres filles qui n'avaient pas les moyens suffisants pour se faire admettre dans les autres monastères. Le 30 juillet 1648 arrivèrent les bulles du pape : Urbain VIII accordait pleinement son autorisation ; il décidait en outre que le couvent de la Miséricorde serait « chef d'ordre », c'est-à-dire aurait la direction de toutes les œuvres semblables qui seraient fondées ensuite dans la chrétienté !

Riche et puissant, Mourgues n'oubliait point que c'était à la charité qu'il devait honneurs et fortune ! A son tour, il venait en aide aux malheureux. C'est ainsi qu'un bon citoyen paie ses dettes à la Société !

Le 13 juillet de la même année, mourait dans l'exil, à Cologne, Marie de Médicis, mère du Roi. Un service funèbre fut célébré dans les principales villes de France, sans le moindre apparat. A Aix, l'absoute fut donnée par Monseigneur l'archevêque, mais la métropole était déserte. Parmi les rares assistants se trouvaient les Consuls et l'assesseur Mourgues. Quel exemple, Messieurs, offraient ainsi nos magistrats municipaux à ces courtisans qui encensent une royauté debout et qui l'abandonnent lorsqu'elle est tombée ! Quoi de plus beau que la fidélité au malheur !

C'est encore pendant son assessorat que Mourgues publia son commentaire des Statuts de Provence. La législation romaine était le droit commun de notre pays ; une déclaration de Charles III d'Anjou, en 1480, l'avait formellement reconnu. Néanmoins, ainsi que le fait remarquer M. Giraud, dans son discours sur Julien « le Droit Romain cessait d'être observé dans tous les cas où il y avait été dérogé par les statuts en question ou par les ordonnances royales et la jurisprudence de notre Parlement. » Ces statuts étaient les règlements civils que les Comtes souverains de Provence avaient faits, soit spontanément, soit sur la réquisition des Etats. Ils régissent des matières importantes; telles que la propriété, la capacité des personnes; ils ont un caractère d'originalité qui les distingue des législations des autres pays de droit écrit. La plupart sont rédigés dans un idiome qu'on a qualifié irrévérencieusement de barbare et qui toutefois mérite quelque peu ce titre car il est un mélange de latin, d'italien, de français et de langue d'Oc.

Le style des statuts est bizarre et embarrassé et l'on conçoit les difficultés que devaient rencontrer les praticiens et les magistrats qui les consultaient. Ils étaient, en outre, rangés sans ordre et sans méthode, ou épars çà et là dans les archives. Depuis longtemps on avait compris la nécessité de les réunir en un seul tout, de les classer et d'y joindre des explications et un commentaire.

Un premier essai fut tenté par Jean Piscis ou Peissoni, archevêque d'Aix, à qui ses travaux juridiques valurent le surnom de Tribonien de la reine Jeanne. Plus tard, Louis Masse compléta le travail de son devancier, y ajouta un commentaire en latin et fit imprimer en 1557 son ouvrage à Avignon. C'est cet ouvrage que Mourgues a entièrement refondu, qu'il a complété si heureusement. Il a supprimé les statuts qui n'étaient plus en vigueur, ajouté ceux qui avaient été nouvellement promulgués, rectifié les erreurs de Masse et collationné les textes sur les chartes originales. Son Commentaire est écrit dans un français élégant et correct et d'une clarté irréprochable ; malheureusement on y rencontre des lacunes que la mort ne lui a pas permis de combler.

C'est dans les explications détaillées qu'il nous donne, que se dévoilent toutes les ressources de son esprit, qu'il utilise les trésors inépuisables de sa science, que se manifestent les grandes aspirations de son âme ! Il ne se contente pas d'être jurisconsulte, il est en même temps philosophe et moraliste ; rien n'échappe à sa perspicacité, ni le but du législateur, ni les raisons de la loi. Tantôt, arrivant aux statuts qui prohibent le jeu et la prostitution, il s'élève avec une véritable éloquence contre ces plaies sociales, il flétrit énergiquement les hommes qui cherchent, dans un trafic abominable, un gain honteux ; tantôt, expliquant l'édit relatif aux maîtres et aux serviteurs, saisissant les faits sur le vif, en quelque sorte, il parle le langage de la pratique. Il donne de l'intérêt aux sujets les plus arides ; il fait jaillir la lumière sur les points les plus obscurs. L'ancienne société française revit, pour ainsi dire, sous sa plume. Il nous montre tour à tour les nobles et les gentilshommes obligés, en cas de procès, à compromettre, au lieu de plaider devant les tribunaux civils ordinaires, les communautés, en contestation avec les citoyens, également soumises à l'arbitrage forcé, enfin les filles nobles ou roturières réduites à leur légitime s'il y a des héritiers mâles. Il nous fait connaître dans ses moindres détails l'organisation de la famille et de la propriété au dix-septième siècle. Sans cesse, il remonte aux sources et nous révèle les progrès de l'humanité et de la civilisation.

Ah ! Messieurs, comme je le suivrais volontiers dans ses investigations à travers les siècles ! Que je voudrais vous présenter une étude complète sur cette législation provençale dont on retrouve encore les traces dans nos usages locaux et qui, pour être remplacée par le Code civil, n'en est pas moins chère à nos cœurs, car nous voyons en elle un monument du passé glorieux de la Provence. Elle nous inspire comme un respect filial et les traditions du patriotisme nous en rendent l'étude attrayante. Mais ce n'est pas ici qu'il est possible d'entreprendre cette étude. Renfermé dans les étroites limites que m'impose la discrétion avec laquelle je dois retenir votre bienveillante attention, je me bornerai à vous lire quelques passages de la préface de Mourgues : l'auteur s'y peint tout entier.

Voici d'abord en quels termes il nous expose son but : « L'inclination que les hommes ont à la contention, l'ar-
« tifice de plusieurs plaideurs qui, défiant de la justice
« de leurs causes, tâchent d'en faire renvoyer le juge-
« ment devant des juges qui ne connaissent point les
« coutumes du Parlement d'où ils ressortissent, occa-
« sionnent des décisions iniques et des frais ruineux....
« A raison de quoi, défunt M. de Peyresc, magistrat d'un
« savoir éminent, m'exhorta de donner au public ce tra-
« vail que je destinais à mon cabinet. » — « J'y fis diffi-
« culté, continue Mourgues en nous apprenant ses lon-
« gues hésitations, mon inclination éloignée de la vanité
« me portant à sonder et à reconnaître mes forces et me
« faisant appréhender que comme on ne peut parler bon
« français sans avoir humé longuement l'air de la Cour,
« ce que je n'ai fait, ni pénétrer les mystères de la ju-
« risprudence, sans avoir longuement travaillé à la re-
« cherche de ce que peu de personnes peuvent trouver,
« il était plus séant de ne rien entreprendre que d'en-
« treprendre trop ; toutefois, ce digne et vertueux magis-
« trat m'ayant si souvent représenté que parlant des
« matières de mon pays, je ne pourrais être blâmé de les
« avoir expliquées aux termes ordinaires dudit pays et
« qu'écrivant pour la vérité et non pour la vanité, pour
« profiter et non pour plaire, je serais assez satisfait si
« mon écrit étouffait plusieurs procès en leur naissance
« et empêchait les interlocutoires des autres Parlements

« sur les questions dépendantes de nos coutumes, je
« donnai la main à ses persuasions,.... » Mourgues nous
fait ensuite assister à la confection de son ouvrage. « Ce
« travail fait à pièces détachées, dit-il, et par intervalles
« de temps pris sur mes occupations ordinaires, a été
« rendu comme une pièce de l'imprimeur sans être as-
« sorti de l'ornement qui lui était nécessaire pour pa-
« raître en public..... Ne pouvant me promettre assez
« de vie ni de loisir pour lui donner plus de perfection,
« je n'ai pas voulu retarder davantage le fruit qu'on pré-
« tend en recueillir (si toutefois il est capable d'en porter
« aucun), sous prétexte de quelque plus grand ageance-
« ment, politesse et correction, dont le défaut sera faci-
« lement excusé par ceux qui auront les intentions pures
« comme les miennes et qui ne visent qu'au bien et à
« l'utilité publiques. »

Qu'ajouterai-je, Messieurs, à ces quelques lignes empreintes de tant de bonhomie et de fraîcheur ! Comme c'est bien là l'auteur modeste qui redoute de mettre au jour ses productions ! Il se défie de ses propres forces ; il s'ignore lui-même. Il a besoin d'encouragements ; il ne cède qu'aux sollicitations pressantes des rares personnes auxquelles il a osé communiquer son travail. Ce n'est pas pour accroître sa renommée qu'il se décide à publier ses œuvres, mais pour être utile à son pays et à ses compatriotes. Il ne songe pas à charmer le lecteur, mais à l'éclairer ; avant tout, il veut couper court à des procès injustes ; c'est qu'il comprend la haute mission de l'avocat et du jurisconsulte qui, dans l'exercice de leur ministère, ne doivent avoir en vue que l'intérêt de la justice et du client !

La publication de son ouvrage ne fit qu'augmenter sa réputation déjà si grande et c'est à bon droit qu'il fut appelé « le plus docte et le plus utile commentateur des statuts de Provence. » Jusqu'en 1778, les commentaires de Mourgues furent seuls consultés par les magistrats et les praticiens. Le Roi en ordonna la réimpression par lettres-patentes du 16 avril 1655. Hélas ! à cette époque Mourgues avait cessé de vivre ! Une mort prématurée l'avait enlevé à l'affection de sa famille et de ses concitoyens, et il n'eut pas le légitime orgueil d'attacher ce fleuron royal à sa modeste couronne !

Quelle existence bien remplie, Messieurs, quelle vie fertile en enseignements !

Pauvre, au lieu de se laisser abattre par l'adversité, de jeter des regards de haine et d'envie sur ceux que la fortune a favorisés, Mourgues lutte avec une indomptable énergie contre la misère et met une noble émulation à se créer par son travail une position honorable !

Riche, loin de s'endormir dans une honteuse oisiveté, d'oublier dans les plaisirs les souffrances d'autrui, il tend aux malheureux une main charitable !

Homme privé, il professe avec amour le culte de la famille et de l'amitié. Fils respectueux et soumis, il ne songe qu'à secourir sa mère en ses vieux jours; époux, il partage les joies et les peines de sa vertueuse compagne ; père, il élève ses enfants dans la crainte et l'amour de Dieu, et le respect du prochain ; ami, il ne trahit jamais la confiance que l'on met en lui, et sait toujours pardonner à l'ingratitude et à l'envie.

Homme public, l'intérêt de son pays seul le guide ; il ne sacrifie rien à l'ambition ou à la vanité. Avant tout, esclave de son devoir, inaccessible à la crainte et aux faveurs il exige des gouvernants et des gouvernés le même respect de la loi !

Avocat et jurisconsulte, il brille au premier rang par son désintéressement et sa probité ; il scrute les consciences; il est le champion des victimes de l'injustice et de la fourberie ; il est enfin pour le droit contre la ruse et la violence !

Mourgues est d'autant plus digne d'exciter notre admiration qu'il est le fils de ses œuvres, *videtur ex se natus*. Sa vie entière nous montre ce que peut le travail uni à l'intelligence ! Ayons sans cesse devant les yeux cet illustre maître ; travaillons comme lui. Le travail n'est-il pas la noblesse de notre profession, surtout à une époque où les aspirations et les tendances démocratiques de la France font du travail une impérieuse nécessité ? Au milieu de l'activité et de l'émulation générales le jeune barreau ne saurait rester en arrière. Soyons les artisans de notre fortune, ne demandons rien à la faveur ou à l'intrigue, ayons cette mâle indépendance, qui n'est point le masque trompeur d'une jalousie ombrageuse ou d'une haine irréfléchie à l'encontre d'une supériorité ou d'un joug social quelconque, mais l'image sincère et vraie de la dignité humaine ! Soyons avec les travailleurs, n'oublions point qu'à eux seuls sont acquises l'estime et la considération publiques, que seuls ils ont droit de prétendre aux honneurs, que seuls enfin ils peuvent goûter la satisfaction intérieure du devoir accompli.

Et, enflammés d'une généreuse ardeur, entrons, mes chers confrères, à la suite de Mourgues, dans cette voie qu'il nous a si dignement tracée !

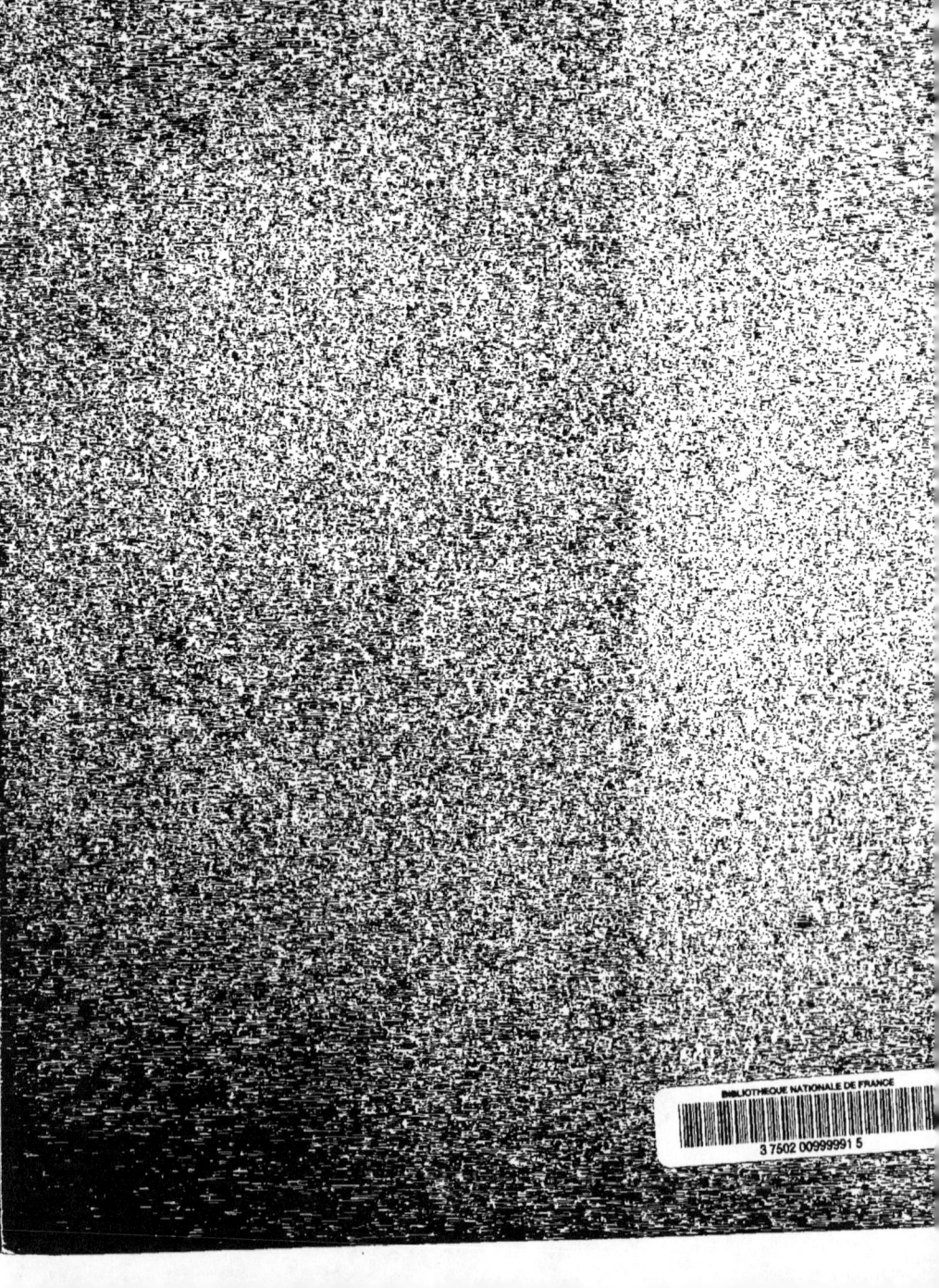

www.ingramcontent.com/pod-product-compliance
Lightning Source LLC
Chambersburg PA
CBHW060726050426
42451CB00010B/1652